Something About Love: Short Stories for German Language Learners

Artici Bilingual Books

Published by Artici Bilingual Books, 2024.

While every precaution has been taken in the preparation of this book, the publisher assumes no responsibility for errors or omissions, or for damages resulting from the use of the information contained herein.

SOMETHING ABOUT LOVE: SHORT STORIES FOR GERMAN LANGUAGE LEARNERS

First edition. March 15, 2024.

Copyright © 2024 Artici Bilingual Books.

ISBN: 979-8224124725

Written by Artici Bilingual Books.

Table of Contents

Etwas über die Liebe

In einer malerischen Kleinstadt namens Rosenheim, die für ihre blühenden Rosenfelder bekannt war, lebte eine junge Frau namens Anna. Anna war eine Träumerin, die davon träumte, die wahre Liebe zu finden, die sie in den Geschichten ihrer Großmutter so oft gehört hatte. Doch das Schicksal hatte andere Pläne für sie.

Anna arbeitete als Blumenhändlerin in einem kleinen Laden am Rande der Stadt. Jeden Tag verkaufte sie wunderschöne Blumensträuße an verliebte Paare, die ihre Liebe mit einem Hauch von Frühling feierten. Doch während sie anderen half, ihre Liebe zu zeigen, fühlte Anna sich oft allein und ungeliebt.

Eines Tages, als Anna gerade dabei war, einen Strauß roter Rosen zu binden, betrat ein junger Mann den Laden. Er war groß und gutaussehend, mit warmen braunen Augen, die Anna sofort fesselten. Sein Name war Max, und er war auf der Suche nach Blumen für seine Mutter, die Geburtstag hatte.

Anna und Max kamen ins Gespräch, und schnell stellten sie fest, dass sie viele Gemeinsamkeiten hatten. Sie teilten ihre Liebe zur Natur, zur Musik und zu Büchern, und bald entwickelte sich eine tiefe Verbundenheit zwischen ihnen.

Die Wochen vergingen, und Anna und Max verbrachten immer mehr Zeit miteinander. Sie gingen spazieren im Rosengarten, picknickten am Flussufer und teilten ihre Hoffnungen und Träume miteinander. Doch trotz ihrer wachsenden Zuneigung zögerten sie weiterhin, ihre Gefühle zu gestehen.

Eines Abends, als die Sonne langsam hinter den Hügeln verschwand und der Himmel in den schönsten Farben leuchtete, trafen sich Anna und Max am alten Brunnen im Herzen der Stadt. Sie saßen nebeneinander und genossen die Stille, die nur vom sanften Plätschern des Wassers durchbrochen wurde.

Plötzlich brach Max das Schweigen. "Anna", sagte er leise, "ich muss dir etwas sagen. Seit dem Tag, an dem ich dich das erste Mal gesehen habe, habe ich mich in dich verliebt. Deine Schönheit, deine Freundlichkeit, deine Leidenschaft für das Leben – all das hat mein Herz berührt."

Anna konnte ihren Ohren kaum trauen. Ihr Herz pochte heftig in ihrer Brust, als sie Max ansah. "Max", flüsterte sie, "ich fühle dasselbe. Seit dem Moment, als wir uns trafen, wusste ich, dass du etwas Besonderes bist. Deine Liebe hat mein Leben verändert, und ich kann mir kein Leben mehr ohne dich vorstellen."

Tränen der Freude stiegen in Annas Augen, als Max sich zu ihr beugte und sie sanft küsste. In diesem Moment fühlten sie sich wie die glücklichsten Menschen der Welt, vereint durch die Kraft der Liebe, die stärker ist als alles andere.

Und so endet die Geschichte von Anna und Max, einer Geschichte von Liebe, und dem Glauben daran, dass das Schicksal uns manchmal genau die richtige Person schickt, um unser Herz zu erfüllen und unsere Träume wahr werden zu lassen.

Something About Love

In a picturesque small town called Rosenheim, known for its blooming rose fields, lived a young woman named Anna. Anna was a dreamer, who dreamed of finding true love, the kind she had heard about in her grandmother's stories so often. But fate had other plans for her.

Anna worked as a florist in a small shop on the outskirts of town. Every day, she sold beautiful bouquets of flowers to love-struck couples celebrating their love with a touch of spring. But while she helped others show their love, Anna often felt alone and unloved herself.

One day, as Anna was busy tying a bouquet of red roses, a young man entered the shop. He was tall and handsome, with warm brown eyes that immediately captivated Anna. His name was Max, and he was looking for flowers for his mother's birthday.

Anna and Max struck up a conversation, and quickly they realized they had many things in common. They shared their love for nature, music, and books, and soon a deep connection formed between them.

Weeks went by, and Anna and Max spent more and more time together. They went for walks in the rose garden, picnicked by the riverside, and shared their hopes and dreams with each other. But despite their growing affection, they continued to hesitate to confess their feelings.

One evening, as the sun slowly disappeared behind the hills and the sky lit up in the most beautiful colors, Anna and Max met at the old fountain in the heart of the town. They sat side by side, enjoying the silence only interrupted by the gentle splashing of the water.

Suddenly, Max broke the silence. "Anna," he said softly, "I need to tell you something. Since the day I first saw you, I've fallen in love with you. Your beauty, your kindness, your passion for life – all of it has touched my heart."

Anna could hardly believe her ears. Her heart pounded fiercely in her chest as she looked at Max. "Max," she whispered, "I feel the same. Since the moment we met, I knew you were special. Your love has changed my life, and I can't imagine living without you anymore."
Tears of joy welled up in Anna's eyes as Max leaned in and kissed her gently. In that moment, they felt like the happiest people in the world, united by the power of love, which is stronger than anything else.
And so ends the story of Anna and Max, a story of love, and the belief that sometimes fate sends us exactly the right person to fill our hearts and make our dreams come true.

Die Letzte Jagd

Der Regen prasselte auf das Dach des kleinen Holzhauses wie Trommelfeuer. In der Dunkelheit saß Hans am Kamin und starrte ins Feuer. Sein Hund, ein treuer Schatten, lag zu seinen Füßen und stieß hin und wieder ein leises Winseln aus. Draußen wütete der Sturm, aber im Inneren des Hauses herrschte eine seltsame Ruhe.

Hans war ein Mann von wenigen Worten, und die Jagd war sein Leben. Seit jeher zog es ihn in die wilden Wälder, fernab von der Hektik der Zivilisation. Dort fand er Frieden, dort fand er sich selbst. Doch diese Jagd würde anders sein. Es würde seine letzte sein.

Am Morgen war er aufgebrochen, begleitet von seinem Hund und den Erinnerungen an vergangene Jagden. Der Wald war still, als würde er den Abschied ahnen. Hans schritt bedacht durch das Unterholz, sein Gewehr fest umklammert. Die feuchte Erde sog jeden Schritt auf, und der Geruch von Moos und Moder lag schwer in der Luft.

Stunden vergingen, und noch immer hatte Hans keine Spur eines Wildes entdeckt. Sein Hund schnüffelte unruhig herum, doch auch er schien keine Fährte aufnehmen zu können. Das Licht begann zu schwinden, und der Wald wurde von Dunkelheit verschlungen. Hans beschloss umzukehren. Es war Zeit, nach Hause zu gehen.

Doch dann hörte er es: ein leises Rascheln, gefolgt von einem dumpfen Knacken. Sein Herz begann schneller zu schlagen. Instinktiv griff er nach seinem Gewehr und lauschte angestrengt in die Nacht. Das Rascheln wiederholte sich, näher diesmal. Hans hielt den Atem an.

Plötzlich sprang das Wild aus dem Gebüsch hervor: ein prächtiger Hirsch, majestätisch und doch verletzlich in seiner Schönheit. Hans zögerte keinen Moment. Er hob sein Gewehr und zielte. Die Welt schien still zu stehen, nur das Pochen seines Herzens drang an seine Ohren.

Ein einziger Schuss hallte durch den Wald. Der Hirsch stolperte, sein Körper zuckte, und dann sank er schwer zu Boden. Hans trat langsam näher, sein Blick ruhte auf dem Tier, das nun reglos dalag. Ein Gefühl der Leere breitete sich in ihm aus, während er den Hirsch betrachtete. War es das wert gewesen?

Mit schweren Schritten kehrte er zum Haus zurück, den Hirsch über der Schulter. Der Regen hatte nachgelassen, und ein blasser Mond stieg am Horizont empor. Das Feuer im Kamin flackerte leise, als Hans den Hirsch vor die Tür legte und sich erschöpft auf einen Stuhl sinken ließ. Sein Hund kam zu ihm und leckte ihm die Hand. Hans strich ihm über das Fell und versuchte, die Gedanken zu ordnen, die wild in seinem Kopf umherirrten. Die Jagd hatte ihm stets ein Gefühl von Freiheit gegeben, aber nun fühlte er sich gefangen in einem Netz aus Zweifeln und Fragen. Die Nacht verging langsam, und Hans fand keinen Schlaf. Immer wieder kehrten die Bilder des Hirsches zurück, die Augen, die ihn stumm anblickten, und die Frage, ob sein Leben wirklich für dieses eine Ziel gegeben werden sollte. War es die Jagd, die ihn erfüllte, oder war es die Flucht vor etwas anderem, etwas, das er nicht zu benennen vermochte?

Als der Morgen graute, stand Hans auf und trat vor die Tür. Der Hirsch lag noch immer da, still und friedlich im Tod. Ein Gefühl der Trauer überkam ihn, und er wusste, dass er sich verabschieden musste. Er kniete sich neben das Tier und legte eine Hand auf sein Fell. "Danke", flüsterte er leise, "für alles."

Dann stand er auf und ging ins Haus zurück. Der Hund folgte ihm, und gemeinsam saßen sie am Kamin, während die Sonne langsam aufging und den Wald in warmes Licht tauchte. Hans wusste, dass dies seine letzte Jagd gewesen war. Nicht weil er es nicht mehr konnte, sondern weil er erkannt hatte, dass es mehr gab im Leben als die Suche nach Beute.

Und während er dort saß, umgeben von der Stille des Waldes, spürte er ein Gefühl der Ruhe in sich aufsteigen. Die Jagd mochte vorbei sein, aber das Leben lag noch immer vor ihm, voller Möglichkeiten und Abenteuer.

Hans lächelte, ein kleines, leises Lächeln, und wusste, dass er seinen Frieden gefunden hatte.

The Last Hunt

The rain drummed on the roof of the small wooden house like gunfire. In the darkness, Hans sat by the fireplace, staring into the flames. His dog, a faithful shadow, lay at his feet, emitting a soft whine now and then. Outside, the storm raged, but inside the house, there was an eerie calm.

Hans was a man of few words, and hunting was his life. He had always been drawn to the wild forests, far from the hustle and bustle of civilization. There, he found peace, there, he found himself. But this hunt would be different. It would be his last.

In the morning, he had set out, accompanied by his dog and memories of past hunts. The forest was silent, as if it sensed the farewell. Hans walked cautiously through the undergrowth, his rifle firmly grasped. The damp earth absorbed every step, and the smell of moss and decay hung heavy in the air.

Hours passed, and still Hans had not discovered any trace of game. His dog sniffed restlessly around, but even he seemed unable to pick up a trail. The light began to fade, and the forest was swallowed by darkness. Hans decided to turn back. It was time to go home.

But then he heard it: a faint rustling, followed by a dull crack. His heart began to beat faster. Instinctively, he reached for his rifle and listened intently into the night. The rustling repeated, closer this time. Hans held his breath.

Suddenly, the game burst out of the bushes: a magnificent stag, majestic yet vulnerable in its beauty. Hans didn't hesitate for a moment. He raised his rifle and took aim. The world seemed to stand still, only the pounding of his heart reaching his ears.

A single shot echoed through the forest. The stag stumbled, its body twitched, and then it fell heavily to the ground. Hans slowly approached, his gaze resting on the animal, now motionless. A feeling of emptiness spread within him as he looked at the stag. Had it been worth it?

With heavy steps, he returned to the house, the stag slung over his shoulder. The rain had subsided, and a pale moon rose on the horizon. The fire in the fireplace flickered softly as Hans laid the stag in front of the door and sank exhausted into a chair.

His dog came to him and licked his hand. Hans stroked his fur, trying to sort out the thoughts that raced wildly in his head. Hunting had always given him a sense of freedom, but now he felt trapped in a web of doubts and questions.

The night passed slowly, and Hans found no sleep. The images of the stag kept returning, its eyes silently staring at him, and the question of whether his life should really be given for this one goal. Was it the hunt that fulfilled him, or was it the escape from something else, something he couldn't name?

As dawn broke, Hans stood up and went to the door. The stag still lay there, quiet and peaceful in death. A feeling of sorrow overwhelmed him, and he knew he had to say goodbye. He knelt beside the animal and placed a hand on its fur. "Thank you," he whispered softly, "for everything."

Then he stood up and went back into the house. The dog followed him, and together they sat by the fireplace as the sun slowly rose, bathing the forest in warm light. Hans knew that this had been his last hunt. Not because he couldn't do it anymore, but because he had realized that there was more to life than the pursuit of prey.

And as he sat there, surrounded by the silence of the forest, he felt a sense of peace rising within him. The hunt may be over, but life still lay ahead of him, full of possibilities and adventures. Hans smiled, a small, quiet smile, and knew that he had found his peace.

Der Duft des Vergessens

Es war ein warmer Sommerabend, als Elena durch die engen Gassen der Altstadt schlenderte. Der Duft von gerösteten Kastanien und frisch gebackenem Brot lag in der Luft, und das Rauschen des nahen Meeres begleitete sie auf ihrem Weg. Die Sonne tauchte die Häuser in goldenes Licht, und Elena konnte die Magie der Stadt förmlich spüren.

Sie war auf der Suche nach etwas, das sie selbst nicht genau benennen konnte. Ein Gefühl, das sie seit langem begleitete, aber stets außerhalb ihrer Reichweite zu liegen schien. Vielleicht war es die Sehnsucht nach einer vergangenen Zeit, nach Erinnerungen, die längst verblasst waren. Oder vielleicht war es die Suche nach einem Stück ihrer selbst, das sie irgendwo auf dem Weg verloren hatte.

Als sie durch einen kleinen Park schlenderte, entdeckte sie eine alte Frau, die auf einer Bank saß und in die Ferne starrte. Ihr Gesicht war von Falten gezeichnet, und ihre Augen strahlten eine unergründliche Weisheit aus. Elena spürte eine seltsame Anziehungskraft zu dieser Frau und setzte sich neben sie.

"Entschuldigen Sie die Störung", begann Elena zögernd, "aber ich konnte nicht umhin, Ihre Ruhe und Gelassenheit zu bemerken. Was ist Ihr Geheimnis?"

Die alte Frau lächelte und schaute Elena mit einem milden Blick an. "Mein Geheimnis, meine Liebe, ist die Kunst des Vergessens. In einer Welt, die ständig nach Erinnerungen und Erfahrungen verlangt, habe ich gelernt, loszulassen und im Hier und Jetzt zu leben."

Elena lauschte gebannt den Worten der alten Frau und spürte, wie eine Last von ihren Schultern abfiel. Vielleicht war es das, wonach sie gesucht hatte: die Erlaubnis, loszulassen und sich dem Fluss des Lebens hinzugeben.

Die Sonne sank langsam hinter den Dächern, und Elena stand auf, um sich zu verabschieden. Die alte Frau lächelte ihr zu und reichte ihr eine kleine Blume. "Nimm dies als Erinnerung an unsere Begegnung. Möge sie dich daran erinnern, dass das Leben zu kurz ist, um in der Vergangenheit zu verharren."

Mit einem warmen Gefühl in ihrem Herzen machte sich Elena auf den Heimweg. Der Duft des Vergessens lag noch immer in der Luft, aber jetzt fühlte er sich wie eine Befreiung an, eine Einladung, das Leben in vollen Zügen zu genießen.

In den nächsten Tagen wanderte Elena durch die Straßen der Stadt, ihre Gedanken stets bei der Begegnung mit der alten Frau. Sie spürte, wie sich etwas in ihr veränderte, wie sie begann, die kleinen Freuden des Lebens wieder zu schätzen und die Vergangenheit loszulassen.

Und so verging die Zeit, bis eines Tages ein warmer Wind über die Stadt wehte und Elena zu einem alten Café führte, das sie seit Jahren nicht mehr besucht hatte. Sie setzte sich an einen Tisch im Garten und bestellte einen Espresso. Als sie durch die alten Fensterläden in die Ferne blickte, spürte sie, wie sich die Erinnerungen an vergangene Zeiten langsam auflösten, wie die Last der Vergangenheit von ihren Schultern fiel.

Es war ein Moment der Reinigung, ein Moment des Friedens. Elena lächelte, und in diesem Augenblick wusste sie, dass sie endlich angekommen war, dass sie den Duft des Vergessens gefunden hatte und mit ihm eine neue Liebe zum Leben.

Und während die Sonne über den Horizont glitt und die Stadt in warmes Licht tauchte, trank Elena ihren Espresso und genoss den Augenblick, denn sie wusste, dass sie nie wieder zurückblicken würde, sondern nur noch nach vorne, in eine Zukunft voller Möglichkeiten und Abenteuer.

The Scent of Forgetting

It was a warm summer evening as Elena strolled through the narrow streets of the old town. The scent of roasted chestnuts and freshly baked bread filled the air, and the sound of the nearby sea accompanied her on her way. The sun bathed the houses in golden light, and Elena could feel the magic of the city.

She was searching for something she couldn't quite name. A feeling that had been with her for a long time, but always seemed to be just out of reach. Perhaps it was the longing for a past time, for memories that had long faded. Or perhaps it was the search for a piece of herself that she had lost somewhere along the way.

As she walked through a small park, she noticed an old woman sitting on a bench, gazing into the distance. Her face was lined with wrinkles, and her eyes radiated an unfathomable wisdom. Elena felt a strange attraction to this woman and sat down beside her.

"Excuse me for disturbing," Elena began hesitantly, "but I couldn't help but notice your peace and serenity. What is your secret?"

The old woman smiled and looked at Elena with a gentle gaze. "My secret, my dear, is the art of forgetting. In a world that constantly demands memories and experiences, I have learned to let go and live in the here and now."

Elena listened spellbound to the words of the old woman, feeling a burden lift from her shoulders. Perhaps this was what she had been searching for: permission to let go and surrender to the flow of life.

As the sun slowly sank behind the rooftops, Elena stood up to bid farewell. The old woman smiled at her and handed her a small flower. "Take this as a reminder of our encounter. May it remind you that life is too short to dwell in the past."

With a warm feeling in her heart, Elena made her way home. The scent of forgetting still lingered in the air, but now it felt like a liberation, an invitation to enjoy life to the fullest.

In the days that followed, Elena wandered through the streets of the city, her thoughts always on her encounter with the old woman. She felt something change within her, as she began to appreciate the small joys of life again and let go of the past.

And so time passed, until one day a warm breeze blew over the city and led Elena to an old café she hadn't visited in years. She sat down at a table in the garden and ordered an espresso. As she looked into the distance through the old shutters, she felt the memories of past times slowly dissolve, the burden of the past falling from her shoulders.

It was a moment of cleansing, a moment of peace. Elena smiled, and in that moment, she knew that she had finally arrived, that she had found the scent of forgetting and with it, a new love for life.

And as the sun slipped over the horizon, bathing the city in warm light, Elena drank her espresso and savored the moment, knowing that she would never look back, only forward, into a future full of possibilities and adventures.

Der Mann am Fenster

In einer kleinen Stadt im ländlichen Belgien, wo die Tage langsam verstrichen und das Leben seinen eigenen Rhythmus hatte, spielte sich eine Geschichte ab, die von Einsamkeit, Sehnsucht und dem Verlangen nach Veränderung erzählte.

Es war ein grauer Novembertag, als der Mann am Fenster seines bescheidenen Apartments saß und hinaus auf die trüben Straßen starrte. Sein Name war Jan Maes, ein einfacher Arbeiter, der sein Leben lang in der örtlichen Fabrik gearbeitet hatte. Doch in seinen Augen lag eine unbestimmte Sehnsucht, eine Sehnsucht nach etwas, das er selbst nicht genau benennen konnte.

Seit dem Tod seiner Frau vor zwei Jahren fühlte sich Jan zunehmend einsam und verloren. Die Stille seines Apartments drückte schwer auf ihn, und die Erinnerungen an glücklichere Zeiten quälten ihn Tag für Tag. Doch er wusste nicht, wie er diesem Gefühl entkommen konnte, wie er seinem Leben wieder einen Sinn geben konnte.

An diesem besagten Novembertag beschloss Jan, einen Spaziergang durch die Stadt zu machen, in der Hoffnung, etwas Ablenkung zu finden. Die Straßen waren leer, und der kalte Wind peitschte ihm ins Gesicht, als er durch die engen Gassen schlenderte. Die Häuser wirkten verlassen, und das triste Grau des Himmels spiegelte sich in den Pfützen auf dem Pflaster wider.

Plötzlich blieb Jan vor einem kleinen Café stehen, dessen warmes Licht ihn anzog. Er trat ein und setzte sich an einen Tisch am Fenster. Eine freundliche Kellnerin brachte ihm eine Tasse Kaffee und ein Stück Apfelkuchen, und Jan versank in seinen Gedanken, während er aus dem Fenster auf die vorbeiziehenden Passanten blickte.

Es war in diesem Moment, dass Jan sie zum ersten Mal sah: eine junge Frau, deren Blick verloren in die Ferne schweifte. Sie saß alleine an einem

Tisch gegenüber von ihm, und Jan konnte sehen, dass auch sie mit ihren eigenen inneren Kämpfen zu kämpfen hatte. Doch es war etwas an ihrem Blick, etwas Unschuldiges und Zerbrechliches, das ihn tief berührte.

Die Stunden vergingen, und Jan saß weiterhin am Fenster, sein Blick stets auf die junge Frau gerichtet. Er konnte nicht erklären, warum sie ihn so faszinierte, warum er das dringende Bedürfnis verspürte, sie kennenzulernen. Vielleicht war es das Verlangen nach menschlicher Nähe, nach einem Moment des Austauschs in einer Welt, die zunehmend einsamer und kalter zu werden schien.

Schließlich fasste Jan Mut und ging zu ihrem Tisch hinüber. Die junge Frau sah überrascht auf, als er sich ihr gegenüber setzte, aber ein sanftes Lächeln erschien auf ihrem Gesicht. Sie stellte sich als Anna vor, eine Studentin, die in der Stadt neu war und sich nach einem Ort sehnte, an dem sie sich zuhause fühlen konnte.

Die beiden begannen zu plaudern, und Jan erfuhr, dass Anna aus einer kleinen Stadt auf dem Land stammte, ähnlich wie er selbst. Sie sprachen über ihre Träume, ihre Hoffnungen und Ängste, und Jan fühlte, wie eine Last von seinen Schultern fiel. Zum ersten Mal seit dem Tod seiner Frau fühlte er sich wieder lebendig, fühlte er, dass es noch Hoffnung gab, dass das Leben noch Überraschungen für ihn bereithielt.

Als der Abend hereinbrach, beschlossen Jan und Anna, gemeinsam durch die Straßen der Stadt zu schlendern. Die Lichter der Laternen leuchteten auf, und das kalte Grau des Himmels wurde von einem warmen Glanz erhellt. Sie lachten und plauderten, und für einen Moment vergaßen sie die Einsamkeit und die Traurigkeit, die sie beide so lange begleitet hatten.

Am Ende des Abends begleitete Jan Anna zurück zu ihrem Apartment und verabschiedete sich mit einem warmen Lächeln. Als er alleine durch die leeren Straßen nach Hause ging, fühlte er eine seltsame Leichtigkeit in sich aufsteigen, eine Hoffnung, die er schon lange nicht mehr gespürt hatte.

The Man at the Window

In a small town in rural Belgium, where the days passed slowly and life had its own rhythm, a story unfolded that spoke of loneliness, longing, and the desire for change.

It was a gray November day when the man sat at the window of his modest apartment, staring out at the gloomy streets. His name was Jan Maes, a simple worker who had spent his entire life in the local factory. But in his eyes lay an undefined longing, a longing for something he could not quite name.

Since the death of his wife two years ago, Jan had increasingly felt lonely and lost. The silence of his apartment weighed heavily on him, and the memories of happier times tormented him day after day. But he didn't know how to escape this feeling, how to give his life meaning again.

On this particular November day, Jan decided to take a walk through the city in the hope of finding some distraction. The streets were empty, and the cold wind whipped at his face as he strolled through the narrow alleys. The houses seemed deserted, and the dull gray of the sky was reflected in the puddles on the pavement.

Suddenly, Jan stopped in front of a small café, its warm light beckoning to him. He entered and sat down at a table by the window. A friendly waitress brought him a cup of coffee and a piece of apple pie, and Jan lost himself in his thoughts as he looked out the window at the passing pedestrians.

It was in that moment that Jan saw her for the first time: a young woman whose gaze wandered lost into the distance. She sat alone at a table across from him, and Jan could see that she, too, was struggling with her own inner battles. But there was something about her gaze, something innocent and fragile, that deeply touched him.

Hours passed, and Jan continued to sit at the window, his gaze fixed on the young woman. He couldn't explain why she fascinated him so much, why he felt the urgent need to get to know her. Perhaps it was the desire for human closeness, for a moment of exchange in a world that seemed increasingly lonely and cold.

Finally, Jan gathered his courage and approached her table. The young woman looked up in surprise as he sat down opposite her, but a gentle smile appeared on her face. She introduced herself as Anna, a student who was new to the city and longed for a place where she could feel at home.

The two began to chat, and Jan learned that Anna came from a small town in the countryside, much like himself. They talked about their dreams, their hopes, and fears, and Jan felt a burden lift from his shoulders. For the first time since his wife's death, he felt alive again, felt that there was still hope, that life still held surprises for him.

As the evening drew in, Jan and Anna decided to stroll through the streets of the city together. The lights of the lanterns lit up, and the cold gray of the sky was illuminated by a warm glow. They laughed and chatted, and for a moment, they forgot the loneliness and sadness that had plagued them both for so long.

At the end of the evening, Jan escorted Anna back to her apartment and bid her farewell with a warm smile. As he walked alone through the empty streets on his way home, he felt a strange lightness rising within him, a hope that he hadn't felt in a long time.

Die geheimnisvolle Schachtel

In einem kleinen Dorf am Rande des Waldes lebte ein Mann namens Herr Müller. Er war ein eigenbrötlerischer Mensch, der selten Besuch empfing und noch seltener das Haus verließ.

Eines Tages erhielt Herr Müller eine mysteriöse Schachtel, die ohne Absender vor seiner Haustür lag. Sie war klein und unscheinbar, mit einem roten Band umwickelt und einem goldglänzenden Siegel auf dem Deckel. Herr Müller betrachtete die Schachtel neugierig und spürte, wie sein Herz vor Aufregung schneller schlug.

Er nahm die Schachtel mit ins Haus und legte sie behutsam auf den Tisch. Mit zitternden Händen löste er das rote Band und brach das Siegel, das die Schachtel verschlossen hielt. Ein schwacher Duft von Zimt stieg ihm in die Nase, als er den Deckel hob und einen Blick in das Innere warf.

Was er dort sah, ließ sein Herz einen Sprung machen: Hunderte von glänzenden Goldmünzen lagen dicht an dicht gestapelt in der Schachtel. Herr Müller konnte sein Glück kaum fassen und griff hastig nach einer der Münzen, um sie näher zu betrachten. Sie war von erlesener Qualität, mit feinen Gravuren und einem Porträt eines unbekannten Königs.

Ein breites Grinsen breitete sich auf Herrn Müllers Gesicht aus, als er sich vorstellte, welchen Reichtum ihm die Schachtel bescheren könnte. Er träumte von einem Leben in Luxus und Überfluss, von Reisen in ferne Länder und einem Ansehen, das ihm bisher verwehrt geblieben war.

Doch je mehr Herr Müller über die Herkunft der Schachtel nachdachte, desto unheimlicher erschien sie ihm. Wer hatte sie ihm geschickt, und warum gerade ihm? Und vor allem: Was war der Preis, den er dafür zahlen musste?

Die folgenden Tage verbrachte Herr Müller in einem regelrechten Taumel aus Gier und Angst. Er wagte es nicht, die Münzen anzurühren, aus Furcht vor den Folgen seines Handelns. Doch gleichzeitig konnte er nicht anders, als immer wieder zu der Schachtel zurückzukehren und sie mit gierigen Augen zu betrachten.

Eines Abends, als der Mond hoch am Himmel stand und das Dorf in ein silbernes Licht tauchte, fasste Herr Müller einen Entschluss. Er würde die Schachtel öffnen und sich den Reichtum nehmen, der ihm zustand, koste es, was es wolle.

Mit zitternden Händen hob er den Deckel der Schachtel und griff nach einer der Münzen. Doch bevor er sie berühren konnte, hörte er plötzlich eine Stimme hinter sich: "Halt!"

Herr Müller wirbelte herum und sah eine Gestalt im Schatten des Hauses stehen. Es war ein Fremder, dessen Augen im Mondlicht funkelten und dessen Lächeln Herr Müller das Blut in den Adern gefrieren ließ.

"Was tust du hier?", fragte Herr Müller mit zittriger Stimme, während er die Münze immer noch fest umklammerte.

Der Fremde trat näher und deutete auf die Schachtel. "Diese Münzen sind kein gewöhnlicher Schatz, mein Freund", sagte er mit einem geheimnisvollen Lächeln. "Sie sind verflucht, und wer sie berührt, wird einen hohen Preis dafür zahlen müssen."

Herr Müller spürte, wie ihm ein eisiger Schauer über den Rücken lief, und ließ die Münze fallen, als wäre sie glühend heiß. "Was meinst du damit?", stammelte er, unfähig, den Blick des Fremden zu ertragen.

Der Fremde trat noch näher und flüsterte Herrn Müller etwas ins Ohr, etwas, das ihn dazu veranlasste, die Schachtel wieder zu verschließen und sie so schnell wie möglich aus seinem Haus zu verbannen. Dann verschwand der Fremde genauso plötzlich, wie er aufgetaucht war, und ließ Herrn Müller allein mit seinen Gedanken zurück.

In den folgenden Wochen vermied Herr Müller die Schachtel, als wäre sie die Pest. Er konnte sich nicht erklären, was mit ihm geschehen war, und versuchte, die unheimliche Begegnung mit dem Fremden zu vergessen. Doch immer wieder drängten sich die Erinnerungen an die

Schachtel in sein Bewusstsein, und er spürte, wie sie ihn langsam aber sicher in den Wahnsinn trieben.

Schließlich fasste Herr Müller einen Entschluss: Er würde die Schachtel zurückgeben, zurück an den Ort, von dem sie gekommen war, und hoffen, dass der Fluch, der auf ihr lastete, gebrochen werden konnte. Und so machte er sich eines Nachts auf den Weg in den Wald, um die Schachtel an einem geheimen Ort zu vergraben, weit weg von jeglicher menschlicher Siedlung.

Als er die Schachtel in die Erde versenkte und mit einer Schicht Laub bedeckte, spürte Herr Müller eine unerklärliche Erleichterung. Vielleicht, so dachte er, würde der Fluch nun gebrochen sein, und er könnte endlich wieder ein normales Leben führen, fernab von Gier und Angst.

Doch als er sich umdrehte, um nach Hause zurückzukehren, hörte er plötzlich ein leises Kichern, gefolgt von einer vertrauten Stimme, die flüsterte: "Du kannst vor mir fliehen, aber du wirst mich niemals loswerden, Karl Müller. Denn ich bin ein Teil von dir, ein dunkler Schatten, der dich bis ans Ende deiner Tage verfolgen wird."

Herr Müller erstarrte vor Schreck und spürte, wie ihm der Boden unter den Füßen zu entgleiten schien. Denn er wusste, dass die Schachtel und der Fluch, der auf ihr lastete, nur eine Manifestation seiner eigenen Gier und Angst waren, eine Warnung vor den dunklen Abgründen seiner Seele, die er niemals zu überwinden vermochte.

The Mysterious Box

In a small village on the edge of the forest lived a man named Mr. Müller. He was a solitary man who rarely received visitors and even more rarely left the house.

One day, Mr. Müller received a mysterious box that lay without a sender at his doorstep. It was small and unassuming, wrapped with a red ribbon and sealed with a golden glimmering seal on the lid. Mr. Müller looked at the box curiously, feeling his heart beat faster with excitement.

He took the box into the house and placed it carefully on the table. With trembling hands, he untied the red ribbon and broke the seal that kept the box closed. A faint scent of cinnamon wafted into his nose as he lifted the lid and peered inside.

What he saw made his heart skip a beat: hundreds of shiny gold coins lay stacked tightly together in the box. Mr. Müller could hardly believe his luck and eagerly reached for one of the coins to examine it closer. It was of exquisite quality, with fine engravings and a portrait of an unknown king.

A broad grin spread across Mr. Müller's face as he imagined the wealth the box could bring him. He dreamed of a life of luxury and abundance, of travels to distant lands and a status that had eluded him thus far.

But the more Mr. Müller thought about the origin of the box, the more sinister it seemed to him. Who had sent it to him, and why him? And above all: what was the price he had to pay for it?

The following days, Mr. Müller spent in a whirlwind of greed and fear. He dared not touch the coins, fearing the consequences of his actions. But at the same time, he could not help returning to the box again and again, greedily eyeing it.

One evening, as the moon rose high in the sky and bathed the village in a silver light, Mr. Müller made a decision. He would open the box and take the wealth that was rightfully his, no matter the cost.

With trembling hands, he lifted the lid of the box and reached for one of the coins. But before he could touch it, he suddenly heard a voice behind him: "Stop!"

Mr. Müller whirled around and saw a figure standing in the shadow of the house. It was a stranger, whose eyes sparkled in the moonlight and whose smile froze Mr. Müller's blood.

"What are you doing here?" Mr. Müller asked in a trembling voice, still clutching the coin.

The stranger stepped closer and pointed to the box. "These coins are no ordinary treasure, my friend," he said with a mysterious smile. "They are cursed, and whoever touches them will pay a high price."

Mr. Müller felt a chill run down his spine and dropped the coin as if it were burning hot. "What do you mean?" he stammered, unable to bear the stranger's gaze.

The stranger stepped even closer and whispered something in Mr. Müller's ear, something that made him close the box again and banish it from his house as quickly as possible. Then the stranger disappeared as suddenly as he had appeared, leaving Mr. Müller alone with his thoughts. In the following weeks, Mr. Müller avoided the box as if it were the plague. He could not explain what had happened to him, and tried to forget the eerie encounter with the stranger. But the memories of the box kept intruding into his consciousness, and he felt them slowly but surely driving him insane.

Finally, Mr. Müller made a decision: he would return the box, back to the place it had come from, and hope that the curse that rested on it could be broken. And so, one night, he set off into the forest to bury the box in a secret location, far away from any human settlement.

As he buried the box in the ground and covered it with a layer of leaves, Mr. Müller felt an inexplicable sense of relief. Perhaps, he thought, the curse would now be broken, and he could finally lead a normal life, far away from greed and fear.

But as he turned to go home, he suddenly heard a faint chuckle, followed by a familiar voice whispering: "You can run from me, but you will never get rid of me, Karl Müller. For I am a part of you, a dark shadow that will haunt you until the end of your days."

Mr. Müller froze in shock and felt the ground slip from under his feet. For he knew that the box and the curse that rested on it were nothing but a manifestation of his own greed and fear, a warning of the dark abysses of his soul that he could never overcome.

Die Legende des einsamen Leuchtturms

In einem abgelegenen Fischerdorf an der Küste Kolumbiens, wo die Wellen des Karibischen Meeres sanft ans Ufer klatschten und die Palmen im warmen Wind wiegten, erzählte man sich eine Legende von einem einsamen Leuchtturm, der über das Meer wachte.

Es war eine Zeit vergangener Tage, als das Dorf noch blühend und voller Leben war, als die Fischer bei Sonnenaufgang hinaus auf das Meer fuhren und am Abend mit ihren Booten voller Fisch zurückkehrten.

Die Legende besagt, dass der Leuchtturm von einem einsamen Wächter bewohnt wurde, einem geheimnisvollen Mann, der seit vielen Jahren über das Meer wachte und auf das Verschwinden seiner geliebten Frau wartete. Niemand wusste, woher der Wächter kam oder wie er hieß, doch sein einsames Dasein war jedem im Dorf bekannt.

Eines Tages jedoch, als ein heftiger Sturm über das Meer zog und die Wellen gegen die Felsen peitschte, sahen die Fischer einen hellen Lichtschein aus dem Leuchtturm strahlen, wie ein Stern in der dunklen Nacht. Verwundert machten sie sich auf den Weg zum Leuchtturm, um nach dem Wächter zu sehen, und fanden ihn reglos am Boden liegen, sein Blick starr auf das Meer gerichtet.

Die Fischer trugen den Wächter ins Dorf zurück und versuchten vergeblich, ihn zu erwecken, doch sein Geist schien bereits fort zu sein, auf ewig verloren in den Tiefen des Ozeans. Und so wurde der Leuchtturm von diesem Tag an verlassen, ein stummer Zeuge vergangener Tage und verlorener Träume.

Jahre vergingen, und die Legende des einsamen Leuchtturms geriet in Vergessenheit, bis eines Tages ein Fremder am Ufer des Dorfes auftauchte, ein Mann von ferne, mit einem traurigen Blick und einer Geschichte, die er mit niemandem teilte. Niemand wusste, woher er kam oder warum er gekommen war, doch sein Anblick weckte Erinnerungen an vergangene Zeiten und verlorene Träume.

Der Fremde blieb lange Zeit im Dorf, und jeden Abend wanderte er zum Leuchtturm hinaus, als suche er nach etwas, das ihm lange verloren gegangen war. Die Dorfbewohner beobachteten ihn aus der Ferne, und manche sagten, dass er den Geist des einsamen Wächters gesehen habe, der über das Meer wachte und auf das Verschwinden seiner geliebten Frau wartete.

Eines Abends jedoch, als der Fremde wieder einmal zum Leuchtturm hinauswanderte, folgte ihm ein junger Fischer, ein neugieriger Junge, der mehr über den geheimnisvollen Mann erfahren wollte. Zusammen betraten sie den Leuchtturm und stiegen die spiralförmige Treppe empor, bis sie schließlich auf der Plattform ankamen, von der aus man einen atemberaubenden Blick auf das Meer hatte.

Der Fremde blieb stehen und starrte hinaus auf die endlose Weite des Ozeans, als suche er nach etwas, das er nie finden würde. Der Junge trat näher und fragte ihn nach seinem Geheimnis, nach der Geschichte, die ihn hierher geführt hatte. Und der Fremde erzählte ihm von einer verlorenen Liebe, von einem Versprechen, das er einst gegeben hatte und das er nie erfüllen konnte.

Und als die Nacht hereinbrach und der Sternenhimmel sich über das Meer spannte, erkannte der Fremde, dass die Antwort auf seine Fragen schon die ganze Zeit in seinem Herzen lag, dass die Vergangenheit nie zurückkehren würde, und dass die einzige Hoffnung, die er hatte, darin bestand, weiterzugehen und das Leben zu umarmen, so wie es war. Und so verließ der Fremde das Dorf am nächsten Morgen, mit einem Lächeln auf den Lippen und der Gewissheit, dass er seinen Frieden gefunden hatte, auch wenn er ihn an einem Ort fand, den er nie gesucht hatte.

The Legend of the Lonely Lighthouse

In a remote fishing village on the coast of Colombia, where the waves of the Caribbean Sea gently lapped at the shore and the palm trees swayed in the warm breeze, a legend was told of a lonely lighthouse that watched over the sea.

It was a time of days gone by, when the village was still flourishing and full of life, when fishermen set out to sea at sunrise and returned with their boats full of fish in the evening.

The legend says that the lighthouse was inhabited by a solitary guardian, a mysterious man who had been watching over the sea for many years, waiting for the return of his beloved wife. No one knew where the guardian came from or what his name was, but his lonely existence was known to everyone in the village.

However, one day, as a fierce storm swept over the sea and the waves crashed against the rocks, the fishermen saw a bright light shining from the lighthouse, like a star in the dark night. Surprised, they made their way to the lighthouse to check on the guardian, and found him lying motionless on the ground, his gaze fixed on the sea.

The fishermen carried the guardian back to the village and tried in vain to revive him, but his spirit seemed to have already departed, lost forever in the depths of the ocean. And so, from that day on, the lighthouse remained abandoned, a silent witness to bygone days and lost dreams.

Years passed, and the legend of the lonely lighthouse faded into obscurity, until one day a stranger appeared on the shores of the village, a man from afar, with a sad look and a story he shared with no one. No one knew where he came from or why he had come, but his presence evoked memories of times past and dreams lost.

The stranger stayed in the village for a long time, and every evening he wandered out to the lighthouse, as if searching for something that he had long lost. The villagers watched him from afar, and some said that he had seen the spirit of the lonely guardian, watching over the sea and waiting for the return of his beloved wife.

However, one evening, as the stranger once again made his way to the lighthouse, a young fisherman followed him, a curious boy who wanted to learn more about the mysterious man. Together, they entered the lighthouse and climbed the spiral staircase until they reached the platform, from which they had a breathtaking view of the sea.

The stranger stopped and stared out at the endless expanse of the ocean, as if searching for something that he would never find. The boy approached him and asked him about his secret, about the story that had brought him here. And the stranger told him of a lost love, of a promise he had once made and could never fulfill.

And as night fell and the starry sky stretched out over the sea, the stranger realized that the answer to his questions had been in his heart all along, that the past would never return, and that the only hope he had was to move forward and embrace life as it was. And so, the stranger left the village the next morning, with a smile on his lips and the certainty that he had found his peace, even if he found it in a place he had never sought.

Ein letzter Fang

Die Sonne stand tief am Horizont, als der alte Fischer Hans sein Boot vom Ufer ins Wasser stieß. Er war ein Mann der Tat, ein Mann der See, der sein Leben den Wellen und dem Wind verschrieben hatte. Seit vielen Jahren fischte er schon in diesen Gewässern, und doch hatte er nie das Gefühl gehabt, dass er sie wirklich kannte.

An diesem Tag jedoch, an diesem letzten Tag auf See, spürte Hans eine ungewohnte Ruhe in sich, eine Gelassenheit, die er schon lange nicht mehr verspürt hatte. Er wusste, dass dies seine letzte Fahrt sein würde, seine letzte Chance, dem Ozean noch einmal zu begegnen, bevor er sich für immer von ihm verabschieden würde.

Das Meer war ruhig an diesem Abend, fast schon unheimlich ruhig, und die Wellen plätscherten leise gegen den Bug des Bootes, als Hans hinaus auf das offene Meer fuhr. Er war allein an Bord, nur er und die endlose Weite des Ozeans, die sich vor ihm ausbreitete wie ein ungeschriebenes Buch.

Stunden vergingen, und Hans war vertieft in seine Gedanken, als plötzlich ein Ruck durch das Boot fuhr und er spürte, wie etwas an seiner Leine zog. Mit geschickten Händen zog er den Fisch an Bord, einen prächtigen Thunfisch, der im Licht der untergehenden Sonne glänzte wie Gold.

Ein Lächeln breitete sich auf Hans' Gesicht aus, als er den Fisch betrachtete, stolz und zufrieden über seinen Fang. Es war ein Gefühl, das er schon lange nicht mehr gespürt hatte, ein Gefühl von Stolz und Erfüllung, das ihm zeigte, dass sein Leben nicht umsonst gewesen war.

Doch plötzlich, als Hans den Fisch genauer betrachtete, spürte er eine unheimliche Präsenz, eine Ahnung von etwas, das er nicht erklären konnte. Er sah in die Augen des Thunfischs und spürte, dass dieser

Moment mehr war als nur ein einfacher Fang, dass hier etwas Größeres im Spiel war, etwas, das sein ganzes Leben verändern würde.

Und so beschloss Hans, den Thunfisch freizulassen, zurück ins Meer, wo er hingehörte. Er öffnete die Leine und ließ den Fisch ins Wasser gleiten, beobachtete, wie er davonschwamm, zurück in die Freiheit des Ozeans, zurück zu seinem eigenen Leben.

Als die Sonne am Horizont versank und die Dunkelheit über das Meer hereinbrach, spürte Hans eine tiefe Dankbarkeit in sich aufsteigen, eine Dankbarkeit für all die Jahre, die er auf See verbracht hatte, für all die Abenteuer und Herausforderungen, die sein Leben geprägt hatten.

Und während er sein Boot zurück zum Ufer steuerte, spürte er, dass er bereit war für das, was kommen würde, bereit für das nächste Kapitel seines Lebens, das ihn vielleicht zu neuen Ufern führen würde, zu neuen Abenteuern und Herausforderungen, die darauf warteten, gemeistert zu werden.

One Last Catch

The sun hung low on the horizon as the old fisherman, Hans, pushed his boat from the shore into the water. He was a man of action, a man of the sea, who had dedicated his life to the waves and the wind. For many years, he had fished in these waters, yet he never felt like he truly knew them.

On this day, however, on this last day at sea, Hans felt an unusual calmness within him, a serenity that he had not felt in a long time. He knew that this would be his final voyage, his last chance to encounter the ocean once more before bidding it farewell forever.

The sea was calm that evening, almost eerily calm, and the waves lapped gently against the bow of the boat as Hans sailed out into the open sea. He was alone on board, just him and the endless expanse of the ocean stretching out before him like an unwritten book.

Hours passed, and Hans was lost in his thoughts when suddenly a jerk ran through the boat and he felt something tugging at his line. With skilled hands, he pulled the fish on board, a magnificent tuna gleaming in the light of the setting sun like gold.

A smile spread across Hans' face as he examined the fish, proud and content with his catch. It was a feeling he hadn't felt in a long time, a feeling of pride and fulfillment that showed him his life hadn't been in vain.

But suddenly, as Hans examined the fish more closely, he felt an eerie presence, a premonition of something he couldn't explain. He looked into the eyes of the tuna and felt that this moment was more than just a simple catch, that something greater was at play here, something that would change his entire life.

And so, Hans decided to release the tuna, back into the sea where it belonged. He opened the line and watched as the fish slipped into the water, observing as it swam away, back to the freedom of the ocean, back to its own life.

As the sun sank below the horizon and darkness fell over the sea, Hans felt a deep sense of gratitude rising within him, gratitude for all the years he had spent at sea, for all the adventures and challenges that had shaped his life.

And as he steered his boat back to shore, he felt ready for what was to come, ready for the next chapter of his life, which might lead him to new shores, to new adventures and challenges waiting to be mastered.

Der Geheimnisvolle Gast

Es war eine stürmische Nacht im kleinen Dorf von Hinterwald, als der junge Bäckermeister Peter seine Bäckerei schloss und sich auf den Heimweg machte. Der Wind heulte um die Ecken der Häuser, und der Regen prasselte unaufhörlich auf die Dächer. Doch Peter war frohen Mutes, denn heute Abend erwartete er einen besonderen Gast.

Als er sein gemütliches Häuschen erreichte, brannte bereits ein warmes Licht im Wohnzimmer, und der verlockende Duft von frisch gebackenem Brot strömte ihm entgegen. Peter trat ein und wurde von einem unerwarteten Anblick überrascht: Am Küchentisch saß ein Fremder, ein Mann mit einem verschmitzten Lächeln und einem geheimnisvollen Funkeln in den Augen.

"Ah, Peter, mein Freund!", rief der Fremde fröhlich aus und erhob sich von seinem Platz. "Ich bin so froh, dich endlich kennenzulernen. Mein Name ist Herr Wunderbar, und ich bin heute hier, um dir ein unglaubliches Angebot zu machen."

Peter war verwirrt, aber auch neugierig auf den ungewöhnlichen Besucher. "Ein Angebot?", wiederholte er unsicher. "Was für ein Angebot?"

Herr Wunderbar breitete die Arme aus und lächelte breit. "Ein Angebot, das dein Leben für immer verändern wird, mein Freund. Ich bin hier, um dir zu zeigen, dass du mehr bist als nur ein einfacher Bäckermeister. Du bist ein Magier des Brotes, ein Künstler der Küche, und ich bin hier, um dir zu helfen, deine wahre Berufung zu finden."

Peter war skeptisch, aber auch fasziniert von den Worten des Fremden. Er hatte nie daran gedacht, dass seine Bäckerei mehr sein könnte als nur ein einfacher Laden am Rande des Dorfes. Doch das Funkeln in den Augen von Herrn Wunderbar weckte eine Ahnung von etwas Großem, von etwas, das jenseits der Grenzen seiner Vorstellungskraft lag.

"Was muss ich tun?", fragte Peter schließlich, und Herr Wunderbar lächelte noch breiter. "Du musst nur mir vertrauen, mein Freund. Folge mir, und ich werde dir zeigen, was du noch nie zuvor gesehen hast."

Und so begann eine ungewöhnliche Reise durch die Nacht, eine Reise voller Wunder und Geheimnisse, die Peter an Orte führte, die er nie für möglich gehalten hätte. Sie besuchten verborgene Höhlen und mystische Wälder, trafen auf seltsame Gestalten und erlebten Abenteuer, die Peters Vorstellungskraft überstiegen.

Doch je tiefer sie in die Nacht eintauchten, desto mehr spürte Peter, dass etwas nicht stimmte, dass Herr Wunderbar nicht der war, der er vorgab zu sein. Seine Worte waren wie süße Melodien, verlockend und verführerisch, doch unter der Oberfläche lauerte eine Dunkelheit, die Peter nicht ignorieren konnte.

Als sie schließlich an einem verlassenen Schloss ankamen, das inmitten eines düsteren Waldes lag, wurde Peters Unbehagen immer größer. Er spürte, dass er einen Fehler gemacht hatte, dass er sich von den Versprechungen des Fremden hatte blenden lassen. Doch bevor er etwas sagen konnte, war es bereits zu spät.

Herr Wunderbar öffnete die Tür des Schlosses, und Peter trat ein, gefolgt von einem unheimlichen Lachen, das durch die Nacht hallte. Und in diesem Moment wusste Peter, dass er einen Pakt mit dem Teufel geschlossen hatte, einen Pakt, den er nie bereuen würde.

Denn am nächsten Morgen, als die Sonne über Hinterwald aufging und die Vögel zu singen begannen, war die Bäckerei von Peter voller Menschen, die von weit her gekommen waren, um sein magisches Brot zu kosten, das so köstlich war, dass es die Herzen der Menschen im Sturm eroberte.

Und während Peter sein Brot verkaufte und das Lachen der Kunden hörte, wusste er, dass er zwar einen hohen Preis gezahlt hatte, aber dass es sich gelohnt hatte. Denn manchmal, selbst wenn man mit dem Teufel tanzt, kann man den schönsten Tanz seines Lebens tanzen.

The Mysterious Guest

It was a stormy night in the small village of Hinterwald when the young master baker, Peter, closed his bakery and made his way home. The wind howled around the corners of the houses, and the rain beat incessantly on the roofs. But Peter was in good spirits, for tonight he expected a special guest.

As he reached his cozy cottage, a warm light was already burning in the living room, and the enticing scent of freshly baked bread wafted towards him. Peter entered and was surprised by an unexpected sight: seated at the kitchen table was a stranger, a man with a mischievous smile and a mysterious twinkle in his eyes.

"Ah, Peter, my friend!" exclaimed the stranger cheerfully and rose from his seat. "I am so glad to finally meet you. My name is Mr. Wonderful, and I am here today to make you an incredible offer."

Peter was confused but also curious about the unusual visitor. "An offer?" he repeated uncertainly. "What kind of offer?"

Mr. Wonderful spread his arms wide and smiled broadly. "An offer that will change your life forever, my friend. I am here to show you that you are more than just a simple master baker. You are a magician of bread, an artist of the kitchen, and I am here to help you find your true calling."

Peter was skeptical but also fascinated by the stranger's words. He had never thought that his bakery could be more than just a simple shop on the outskirts of the village. Yet the twinkle in Mr. Wonderful's eyes sparked a notion of something great, something beyond the bounds of his imagination.

"What do I have to do?" Peter finally asked, and Mr. Wonderful smiled even wider. "You just have to trust me, my friend. Follow me, and I will show you things you have never seen before."

And so began an unusual journey through the night, a journey full of wonders and secrets that led Peter to places he had never imagined. They visited hidden caves and mystical forests, encountered strange creatures, and experienced adventures that exceeded Peter's imagination.

But the deeper they delved into the night, the more Peter felt that something was wrong, that Mr. Wonderful was not who he claimed to be. His words were like sweet melodies, tempting and seductive, but beneath the surface lurked a darkness that Peter could not ignore.

When they finally arrived at an abandoned castle in the midst of a dark forest, Peter's unease grew stronger. He felt he had made a mistake, that he had been blinded by the promises of the stranger. But before he could say anything, it was already too late.

Mr. Wonderful opened the door of the castle, and Peter entered, followed by an eerie laughter echoing through the night. And in that moment, Peter knew that he had made a pact with the devil, a pact he would never regret.

Because the next morning, as the sun rose over Hinterwald and the birds began to sing, Peter's bakery was filled with people who had come from far and wide to taste his magical bread, so delicious that it captured the hearts of the people.

And as Peter sold his bread and heard the laughter of the customers, he knew that while he had paid a high price, it had been worth it. For sometimes, even when dancing with the devil, one can dance the most beautiful dance of their life.

Im Schatten der Vergangenheit

Es war ein düsterer Tag, an dem die Sonne sich hinter dicken Wolken verbarg und der Wind durch die engen Gassen der Stadt pfiff. In einer kleinen Wohnung am Rande der Stadt lebte eine Frau namens Elise. Ihr Leben war von Schatten der Vergangenheit umhüllt, die sie nicht loslassen konnten.

Elise war eine stille Frau mit traurigen Augen, die jeden Tag demütig und unscheinbar durchs Leben ging. Sie arbeitete als Näherin in einer kleinen Werkstatt und verbrachte ihre Abende allein in ihrer Wohnung, umgeben von den Erinnerungen an eine Zeit, die längst vergangen war.

Eines Abends, als der Regen gegen die Fensterscheiben prasselte und die Straßen leer waren, hörte Elise ein Klopfen an ihrer Tür. Überrascht stand sie auf und öffnete sie, um einen Mann im Regenmantel vor sich zu sehen.

"Entschuldigen Sie die Störung", sagte der Mann mit einer leisen, aber bestimmten Stimme. "Mein Name ist Thomas. Ich bin auf der Suche nach jemandem."

Elise war verwirrt und fragte sich, wer dieser Fremde war und was er von ihr wollte. Doch etwas in seinem Blick ließ sie vertrauen, also ließ sie ihn herein und bot ihm einen Platz an ihrem Tisch an.

"Was führt Sie zu mir?", fragte Elise schließlich, nachdem sie ihm eine Tasse Tee serviert hatte.

Thomas seufzte und strich sich über das Gesicht, als ob er nach den richtigen Worten suchte. "Es geht um Ihre Mutter", begann er zögernd. "Sie war eine alte Freundin von mir, aus einer Zeit, die lange zurückliegt."

Elises Herz begann schneller zu schlagen, als sie den Namen ihrer Mutter hörte. Sie hatte kaum Erinnerungen an sie, da sie schon in jungen Jahren gestorben war. Doch ihr Bild war in Elises Gedächtnis gebrannt, wie eine Flamme, die nie erlosch.

"Was wissen Sie über meine Mutter?", fragte Elise, ihre Stimme kaum mehr als ein Flüstern.

Thomas sah sie mit traurigen Augen an. "Sie war eine bemerkenswerte Frau", sagte er schließlich. "Mutig, leidenschaftlich, voller Leben. Wir haben viele Abenteuer zusammen erlebt, bis das Schicksal uns auseinandergerissen hat."

Elise spürte, wie die Vergangenheit wie eine Welle über sie hereinbrach. Sie erinnerte sich an die Geschichten, die ihre Großmutter ihr über ihre Mutter erzählt hatte, von fernen Ländern und unerfüllten Träumen. Doch sie hatte nie geglaubt, dass diese Geschichten wahr sein könnten, bis jetzt.

"Was ist mit meiner Mutter passiert?", fragte Elise mit bebender Stimme.

Thomas senkte den Blick und schwieg einen Moment lang, bevor er antwortete. "Sie ist gestorben", sagte er schließlich leise. "In einem fernen Land, weit weg von hier. Aber ihr Geist hat weitergelebt, in den Herzen derjenigen, die sie kannten und liebten."

Tränen stiegen in Elises Augen, als sie die Wahrheit über ihre Mutter erfuhr. Es war, als ob ein Teil ihres Lebens endlich zusammenfiel, und sie fühlte sich gleichzeitig erleichtert und verloren.

"Warum sind Sie hier?", fragte Elise, als sie sich wieder gefasst hatte.

Thomas sah sie ernst an. "Ich wollte sicherstellen, dass Sie die Wahrheit erfahren", antwortete er. "Aber auch, um Ihnen etwas zu geben." Er zog eine alte Schatulle aus seiner Tasche und reichte sie Elise.

Elise öffnete die Schatulle und fand darin einen Brief, geschrieben in der Handschrift ihrer Mutter. Mit zitternden Händen entfaltete sie das vergilbte Papier und begann zu lesen.

"Liebe Elise,

Wenn du diesen Brief liest, bin ich bereits fort. Doch ich möchte, dass du weißt, dass ich immer bei dir sein werde, in deinem Herzen und deinen Erinnerungen. Du bist stark, meine Tochter, stärker, als du denkst. Gehe deinen eigenen Weg und fürchte dich nicht vor den Schatten der Vergangenheit.

In Liebe, deine Mutter."

Elise schluchzte, als sie die Worte ihrer Mutter las. Es war, als ob sie sie zum ersten Mal wirklich verstehen konnte, als ob sie endlich den Frieden fand, nach dem sie sich so lange gesehnt hatte.

"Danke", flüsterte sie, als sie den Brief wieder in die Schatulle legte und sie fest an ihre Brust presste.

Thomas lächelte und stand auf, um zu gehen. "Lebe wohl, Elise", sagte er, bevor er die Wohnung verließ und im Regen verschwand.

Elise blieb allein zurück, aber sie fühlte sich nicht mehr verloren.

In the Shadow of the Past

It was a gloomy day, with the sun hiding behind thick clouds and the wind whistling through the narrow streets of the city. In a small apartment on the outskirts of town lived a woman named Elise. Her life was shrouded in shadows of the past that couldn't let go of her.

Elise was a quiet woman with sad eyes, who humbly and unassumingly went through life every day. She worked as a seamstress in a small workshop and spent her evenings alone in her apartment, surrounded by memories of a time long gone.

One evening, as the rain pattered against the window panes and the streets were empty, Elise heard a knock on her door. Surprised, she got up and opened it to find a man in a raincoat standing before her.

"Excuse the intrusion," said the man in a soft yet firm voice. "My name is Thomas. I'm looking for someone."

Elise was confused, wondering who this stranger was and what he wanted from her. But something in his gaze made her trust him, so she let him in and offered him a seat at her table.

"What brings you to me?" Elise asked eventually, after serving him a cup of tea.

Thomas sighed and ran his hand over his face as if searching for the right words. "It's about your mother," he began hesitantly. "She was an old friend of mine, from a time long ago."

Elise's heart began to beat faster as she heard her mother's name. She had barely any memories of her, as she had died at a young age. But her image was burned into Elise's memory, like a flame that never went out.

"What do you know about my mother?" Elise asked, her voice barely more than a whisper.

Thomas looked at her with sad eyes. "She was a remarkable woman," he said eventually. "Brave, passionate, full of life. We experienced many adventures together until fate tore us apart."

Elise felt the past wash over her like a wave. She remembered the stories her grandmother had told her about her mother, of distant lands and unfulfilled dreams. But she had never believed those stories could be true, until now.

"What happened to my mother?" Elise asked, her voice trembling.

Thomas lowered his gaze and remained silent for a moment before replying. "She died," he said softly. "In a distant land, far away from here. But her spirit lived on, in the hearts of those who knew and loved her."

Tears welled up in Elise's eyes as she learned the truth about her mother. It was as if a part of her life was finally falling into place, and she felt both relieved and lost at the same time.

"Why are you here?" Elise asked, once she had composed herself.

Thomas looked at her seriously. "I wanted to make sure you knew the truth," he replied. "But also to give you something." He pulled an old box from his pocket and handed it to Elise.

Elise opened the box and found a letter inside, written in her mother's handwriting. With trembling hands, she unfolded the yellowed paper and began to read.

"Dear Elise,

If you're reading this letter, I'm already gone. But I want you to know that I'll always be with you, in your heart and your memories. You are strong, my daughter, stronger than you think. Walk your own path and don't be afraid of the shadows of the past.

With love, your mother."

Elise sobbed as she read her mother's words. It was as if she could truly understand them for the first time, as if she had finally found the peace she had longed for.

"Thank you," she whispered as she placed the letter back in the box and held it tightly to her chest.

Thomas smiled and got up to leave. "Farewell, Elise," he said before leaving the apartment and disappearing into the rain.
Elise was left alone, but she no longer felt lost.

45

Der gelbe Hut

Es war ein warmer Sommertag, als Marie den kleinen Hut in einem Antiquitätengeschäft entdeckte. Er war leuchtend gelb, mit einer zarten Schleife und einer Feder verziert. Marie konnte nicht anders, als sich in den Hut zu verlieben, und so kaufte sie ihn spontan, ohne zu wissen, dass dieser Hut ihr Leben für immer verändern würde.

Marie war eine junge Frau mit einem unruhigen Herzen. Sie sehnte sich danach, die Welt zu erkunden und neue Abenteuer zu erleben. Doch ihr Leben war von Routine und Verantwortung geprägt, und sie fühlte sich gefangen in einem goldenen Käfig, den sie selbst geschaffen hatte.

An diesem Tag beschloss Marie, dem Alltag zu entfliehen und eine Auszeit zu nehmen. Sie setzte den gelben Hut auf und machte sich auf den Weg in die Stadt. Die Sonne schien, und die Straßen waren belebt mit Menschen, die ihren eigenen Geschäften nachgingen.

Marie schlenderte durch die Gassen, den gelben Hut fest auf dem Kopf, und fühlte sich frei wie schon lange nicht mehr. Sie entdeckte verborgene Cafés, blühende Parks und versteckte Buchläden, die zum Verweilen einluden.

Plötzlich spürte Marie einen sanften Windstoß, der ihren Hut ergriff und davontrug. Sie versuchte, ihn zu fangen, aber es war zu spät - der gelbe Hut verschwand zwischen den Bäumen und ließ Marie allein zurück.

Panik stieg in ihr auf, als sie sich ohne ihren geliebten Hut fühlte. Verzweifelt setzte sie sich auf eine Bank und kämpfte mit den Tränen, die sich in ihren Augen sammelten.

Plötzlich hörte sie eine Stimme hinter sich. "Entschuldigung, ist das Ihr Hut?"

Marie drehte sich um und sah einen jungen Mann, der den gelben Hut in den Händen hielt. Ihr Herz machte einen Sprung vor Freude, als sie ihn sah.

"Ja, das ist mein Hut", antwortete sie erleichtert. "Wo haben Sie ihn gefunden?"

Der junge Mann lächelte und reichte ihr den Hut. "Ich habe ihn im Gebüsch gefunden", erklärte er. "Er schien ganz allein dort zu sein."

"Danke", sagte sie mit einem Lächeln. "Sie haben meinen Tag gerettet."

Der junge Mann lächelte und nickte. "Gern geschehen. Ich hoffe, der Hut bringt Ihnen genauso viel Glück wie mir."

Mit diesen Worten ging er weiter, und Marie blieb allein zurück, den gelben Hut fest in den Händen.

Und so lebte Marie ihr Leben weiter, mit dem gelben Hut auf dem Kopf und einem Lächeln im Gesicht, bereit für alle Abenteuer, die das Leben für sie bereithielt.

The Yellow Hat

It was a warm summer's day when Marie discovered the small hat in an antique shop. It was bright yellow, adorned with a delicate bow and a feather. Marie couldn't help but fall in love with the hat, so she bought it spontaneously, without knowing that this hat would change her life forever.

Marie was a young woman with a restless heart. She longed to explore the world and experience new adventures. But her life was filled with routine and responsibility, and she felt trapped in a golden cage that she had created herself.

On that day, Marie decided to escape from the daily grind and take a break. She put on the yellow hat and set off into the city. The sun was shining, and the streets were bustling with people going about their business.

Marie strolled through the alleyways, the yellow hat firmly on her head, feeling freer than she had in a long time. She discovered hidden cafes, blooming parks, and tucked-away bookstores that invited her to linger.

Suddenly, Marie felt a gentle gust of wind snatch her hat and carry it away. She tried to catch it, but it was too late - the yellow hat disappeared among the trees, leaving Marie alone.

Panic surged through her as she felt lost without her beloved hat. Desperately, she sat down on a bench, fighting back the tears gathering in her eyes.

Suddenly, she heard a voice behind her. "Excuse me, is this your hat?"

Marie turned around and saw a young man holding the yellow hat in his hands. Her heart leaped for joy when she saw him.

"Yes, that's my hat," she replied, relieved. "Where did you find it?"

The young man smiled and handed her the hat. "I found it in the bushes," he explained. "It seemed to be all alone there."

"Thank you," she said with a smile. "You've saved my day."

The young man smiled and nodded. "You're welcome. I hope the hat brings you as much luck as it did for me."

With these words, he walked away, leaving Marie alone, holding the yellow hat tightly in her hands.

And so, Marie continued to live her life, with the yellow hat on her head and a smile on her face, ready for all the adventures that life had in store for her.

Die Gesellschaft der Pinguin-Socken

Es war einmal in einer kleinen Stadt am Rand des Meeres, in der die Bewohnerinnen und Bewohner eine seltsame Tradition pflegten - die Gesellschaft der Pinguin-Socken. Diese Gesellschaft war eine geheime Vereinigung, deren Mitglieder sich durch ihre Liebe zu ungewöhnlichen Socken auszeichneten.

In dieser Stadt lebte eine junge Frau namens Klara. Sie war eine leidenschaftliche Strickerin und liebte es, bunte und verspielte Socken zu entwerfen. Eines Tages erfuhr sie von der Existenz der Gesellschaft der Pinguin-Socken und beschloss, Mitglied zu werden.

Um in die Gesellschaft aufgenommen zu werden, musste Klara drei Aufgaben bestehen. Die erste Aufgabe bestand darin, ein Paar Socken zu stricken, das einzigartig und kreativ war. Klara nahm die Herausforderung an und begann, an einem besonderen Design zu arbeiten.

Sie wählte leuchtende Farben und verzierte die Socken mit kleinen Pinguinmotiven. Jeder Pinguin hatte einen individuellen Ausdruck, und Klara verlieh ihnen Persönlichkeit und Charme. Als sie die Socken fertiggestellt hatte, war sie stolz auf ihr Werk und hoffte, dass es den strengen Anforderungen der Gesellschaft entsprechen würde.

Die zweite Aufgabe bestand darin, die Socken einem geheimen Test zu unterziehen, um ihre Qualität und Haltbarkeit zu überprüfen. Klara nahm ihre Socken mit auf eine Wanderung durch die verschneiten Berge, wo sie sie unter extremen Bedingungen testete.

Die Socken hielten stand und wärmten ihre Füße, während sie über steinige Pfade und vereiste Gipfel wanderte. Klara war beeindruckt von ihrer Leistung und hoffte, dass die Gesellschaft der Pinguin-Socken es auch sein würde.

Die dritte und letzte Aufgabe bestand darin, die Socken einem geheimen Treffen der Gesellschaft vorzustellen und die Mitglieder von ihrer Einzigartigkeit zu überzeugen. Klara war aufgeregt und nervös zugleich, als sie sich auf den Weg zu dem geheimen Treffpunkt machte.

Als sie ankam, wurde sie von den Mitgliedern der Gesellschaft herzlich empfangen. Sie bewunderten ihre Socken und lobten ihre Kreativität und handwerkliche Geschicklichkeit. Klara fühlte sich geehrt und war erleichtert, dass ihre Socken den Test bestanden hatten.

Und so lebte Klara glücklich und zufrieden in der Gesellschaft der Pinguin-Socken.

The Society of Penguin Socks

Once upon a time in a small town on the edge of the sea, the residents had a peculiar tradition - the Society of Penguin Socks. This society was a secret association, whose members were distinguished by their love for unusual socks.

In this town lived a young woman named Klara. She was a passionate knitter and loved designing colorful and playful socks. One day, she learned about the existence of the Society of Penguin Socks and decided to become a member.

To be accepted into the society, Klara had to pass three tasks. The first task was to knit a pair of socks that was unique and creative. Klara took on the challenge and began working on a special design.

She chose bright colors and adorned the socks with small penguin motifs. Each penguin had an individual expression, and Klara gave them personality and charm. When she finished the socks, she was proud of her work and hoped it would meet the society's strict requirements.

The second task was to subject the socks to a secret test to assess their quality and durability. Klara took her socks on a hike through the snowy mountains, where she tested them under extreme conditions.

The socks held up and kept her feet warm as she hiked over rocky paths and icy peaks. Klara was impressed by their performance and hoped the Society of Penguin Socks would be too.

The third and final task was to present the socks at a secret meeting of the society and convince the members of their uniqueness. Klara was excited and nervous as she made her way to the secret meeting place.

When she arrived, she was warmly welcomed by the members of the society. They admired her socks and praised her creativity and craftsmanship. Klara felt honored and relieved that her socks had passed the test.

And so, Klara lived happily and contentedly in the Society of Penguin Socks.

Die letzte Reise

Es war ein kalter Morgen, als Kurt sich auf den Weg machte. Der Himmel war grau und schwer, und der Wind pfiff durch die kahlen Bäume. Kurt packte seine Sachen in einen alten Rucksack und trat hinaus in die Stille der frühen Stunden.

Er hatte lange darüber nachgedacht, diesen Schritt zu tun. Die Entscheidung war nicht leicht gewesen, aber er wusste, dass es Zeit war. Zeit, sich auf den Weg zu machen, ohne Umkehr, ohne Zweifel.

Kurt ging die vertrauten Straßen entlang, die ihn durch die kleine Stadt führten. Er grüßte die Nachbarn, die ihm auf seinem Weg begegneten, und fühlte eine seltsame Leichtigkeit in seinem Herzen. Es war, als ob eine Last von seinen Schultern genommen worden wäre, und er spürte die Freiheit, die ihn umgab.

Als er die Stadt hinter sich ließ, breitete sich vor ihm ein weites Feld aus, das sich bis zum Horizont erstreckte. Kurt atmete tief ein und spürte den Wind auf seinem Gesicht. Er wusste, dass dies der Anfang einer Reise war, die ihn an Orte führen würde, von denen er nur geträumt hatte.

Er lief stundenlang, ohne ein Ziel vor Augen, einfach nur dem Ruf der Wildnis folgend. Die Sonne stieg langsam über den Hügeln auf, und Kurt fühlte sich lebendiger als je zuvor. Er vergaß die Sorgen und Ängste, die ihn so lange geplagt hatten, und konzentrierte sich nur auf den Moment.

Als die Nacht hereinbrach, fand Kurt einen abgelegenen Platz unter einem alten Baum, wo er sein Lager aufschlug. Er machte ein Feuer und ließ sich neben den flackernden Flammen nieder. Der Himmel über ihm war klar und voller Sterne, und Kurt fühlte sich eins mit der Natur um ihn herum.

In dieser Nacht träumte Kurt von fernen Ländern und Abenteuern, von Bergen und Tälern, die darauf warteten, entdeckt zu werden.

Am nächsten Morgen stand Kurt früh auf und setzte seine Wanderung fort. Er wusste nicht, wohin ihn sein Weg führen würde, aber er war bereit, alles anzunehmen, was das Leben ihm bot. Denn er wusste, dass das wahre Abenteuer nicht darin lag, das Ziel zu erreichen, sondern den Weg dorthin zu gehen. Und so lief Kurt weiter, seinen Blick fest auf den Horizont gerichtet, bereit für alles, was kommen mochte.

The Last Journey

It was a cold morning when Kurt set out. The sky was gray and heavy, and the wind whistled through the bare trees. Kurt packed his things into an old backpack and stepped out into the silence of the early hours.

He had thought long and hard about making this move. The decision had not been easy, but he knew it was time. Time to set out, without turning back, without doubt.

Kurt walked along the familiar streets that led him through the small town. He greeted the neighbors he met on his way, feeling a strange lightness in his heart. It was as if a burden had been lifted from his shoulders, and he felt the freedom that surrounded him.

As he left the town behind, a vast field stretched out before him, reaching to the horizon. Kurt took a deep breath and felt the wind on his face. He knew that this was the beginning of a journey that would take him to places he had only dreamed of.

He walked for hours, without a destination in mind, simply following the call of the wild. The sun rose slowly over the hills, and Kurt felt more alive than ever before. He forgot the worries and fears that had plagued him for so long, focusing only on the moment.

As night fell, Kurt found a secluded spot under an old tree where he set up his camp. He made a fire and settled down beside the flickering flames. The sky above him was clear and full of stars, and Kurt felt at one with the nature around him.

That night, Kurt dreamed of distant lands and adventures, of mountains and valleys waiting to be discovered.

The next morning, Kurt got up early and continued his hike. He didn't know where his path would lead him, but he was ready to accept whatever life had to offer him. Because he knew that the true adventure lay not in reaching the destination, but in the journey itself. And so Kurt kept walking, his gaze firmly fixed on the horizon, ready for whatever might come his way.